skola - école	2
ceļojums - voyage	5
transports - transport	8
pilsēta - ville	10
ainava - paysage	14
restorāns - restaurant	17
lielveikals - supermarché	20
dzērieni - boissons	22
ēdiens - alimentation	23
zemnieku saimniecība - ferme	27
māja - maison	31
viesistaba - salon	33
virtuve - cuisine	35
vannas istaba - salle de bain	38
bērnu istaba - chambre d'enfant	42
apģērbs - vêtements	44
birojs - bureau	49
ekonomika - économie	51
profesijas - professions	53
instrumenti - outils	56
mūzikas instrumenti - instruments de musique	57
zooloģiskais dārzs - zoo	59
sports - sports	62
darbības - activités	63
ģimene - famille	67
ķermenis - corps	68
slimnīca - hôpital	72
ārkārtas gadījums - urgence	76
zeme - terre	77
pulkstenis - ...heure(s)	79
nedēļa - semaine	80
gads - année	81
formas - formes	83
krāsas - couleurs	84
pretstati - oppositions	85
skaitļi - nombres	88
Valodas - langues	90
kas / ko / kā - qui / quoi / comment	91
kur - où	92

Impressum
Verlag: BABADADA GmbH, Nedderfeld 112 , 22529 Hamburg
Geschäftsführer / Verlagsleitung: Harald Hof
Druck: Books on Demand GmbH, In de Tarpen 42, 22848 Norderstedt

Imprint
Publisher: BABADADA GmbH, Nedderfeld 112 , 22529 Hamburg, Germany
Managing Director / Publishing direction: Harald Hof
Print: Books on Demand GmbH, In de Tarpen 42, 22848 Norderstedt

skola
école

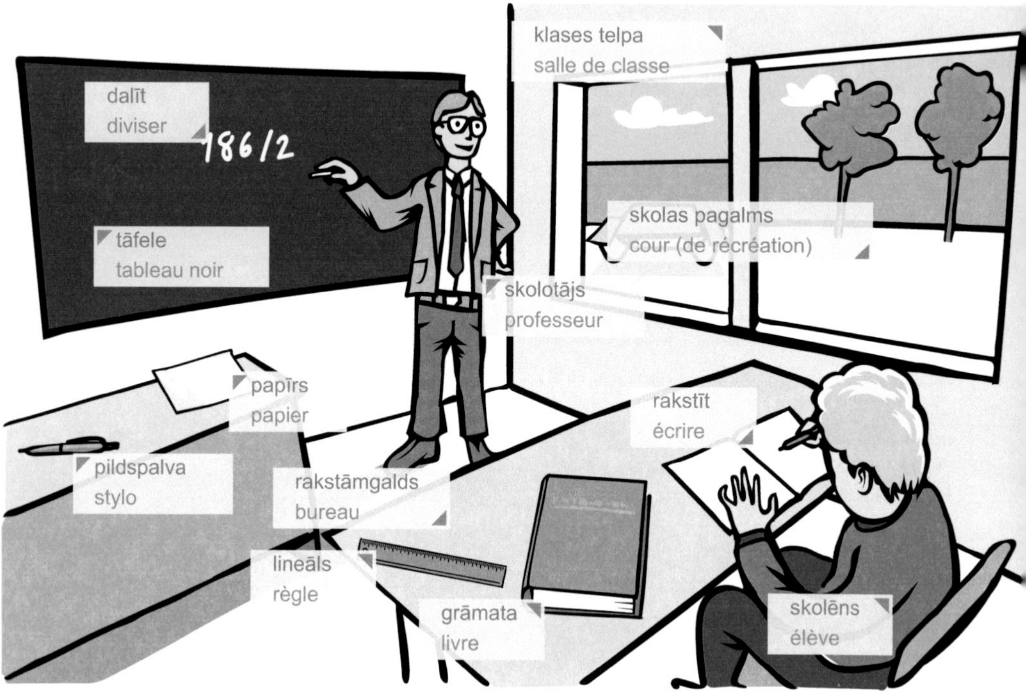
klases telpa
salle de classe
dalīt
diviser
186/2
tāfele
tableau noir
skolas pagalms
cour (de récréation)
skolotājs
professeur
papīrs
papier
rakstīt
écrire
pildspalva
stylo
rakstāmgalds
bureau
lineāls
règle
grāmata
livre
skolēns
élève

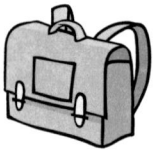

skolas soma

cartable

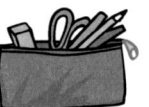

penālis

trousse

zīmulis

crayon

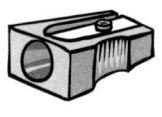

zīmuļu asināmais

taille-crayon

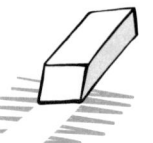

dzēšgumija

gomme

zīmēšanas bloks

carnet à dessin

zīmējums

dessin

ota

pinceau

krāsas

boîte de peinture

šķēres

ciseaux

līme

colle

darba burtnīca

cahier d'exercices

mājas darbs

devoirs

skaitlis

chiffre

2+2

saskaitīt

additionner

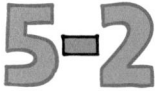

atņemt

soustraire

reizināt

multiplier

rēķināt

calculer

burts

lettre

alfabēts

alphabet

vārds

mot

teksts

texte

lasīt

lire

krīts

craie

mācību stunda

leçon

žurnāls

livre de classe

eksāmens

examen

liecība

certificat

skolas forma

uniforme scolaire

izglītība

formation

enciklopēdija

lexique

universitāte

université

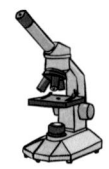

mikroskops

microscope

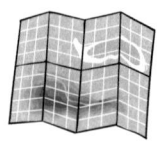

karte

carte

papīrgrozs

corbeille à papier

skola - école

viesnīca
hôtel

Grand

hostelis
auberge

ROOMS

valūtas maiņas punkts
bureau de change

CHANGE

čemodāns
valise

automašīna
voiture

Valoda

langue

jā / nē

oui / non

Okay

d'accord

Sveiki!

Salut

tulks

interprète

paldies

merci

Cik maksā...?

Combien coûte...?

Es nesaprotu

Je ne comprends pas

problēma

problème

Labvakar!

Bonsoir !

Labrīt!

Bonjour !

Ar labu nakti!

Bonne nuit !

Uz redzēšanos

Au revoir

virziens

direction

bagāža

bagages

soma

sac

mugursoma

sac-à-dos

viesis

hôte

istaba

pièce

guļammaiss

sac de couchage

telts

tente

tūrisma informācija

office de tourisme

pludmale

plage

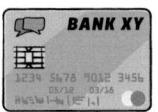

kredītkarte

carte de crédit

brokastis

petit-déjeuner

pusdienas

déjeuner

vakariņas

dîner

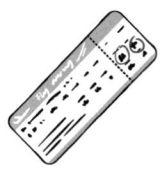

biļete

billet

lifts

ascenseur

pastmarka

timbre

robeža

frontière

muita

douane

vēstniecība

ambassade

vīza

visa

pase

passeport

transports
transport

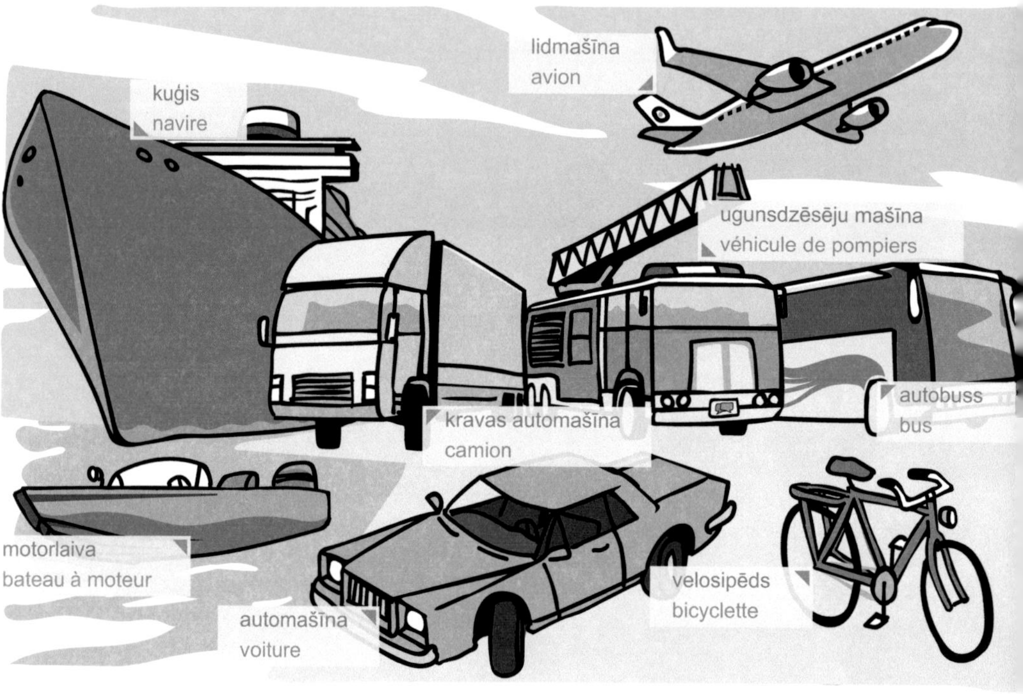

lidmašīna
avion

kuģis
navire

ugunsdzēsēju mašīna
véhicule de pompiers

autobuss
bus

kravas automašīna
camion

motorlaiva
bateau à moteur

velosipēds
bicyclette

automašīna
voiture

prāmis
ferry

laiva
barque

motocikls
moto

policijas automašīna
voiture de police

sacīkšu automobilis
voiture de course

nomas auto
voiture de location

auto koplietošana

auto-partage

evakuators

voiture de remorquage

atkritumu mašīna

benne à ordures

dzinējs

moteur

benzīns

essence

degvielas uzpildes stacija

station d'essence

ceļa zīme

panneau indicateur

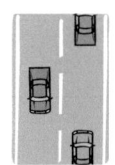

satiksme

trafic

sastrēgums

embouteillage

stāvvieta

parking

dzelzceļa stacija

gare

sliedes

rails

vilciens

train

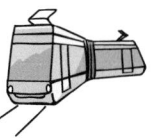

tramvajs

tramway

vagons

wagon

helikopters

hélicoptère

lidosta

aéroport

tornis

tour

pasažieris

passager

konteiners

conteneur

kaste

carton

ratiņi

chariot

grozs

corbeille

pacelties / nosēsties

décoller / atterrir

pilsēta
ville

ciems

village

pilsētas centrs

centre-ville

māja

maison

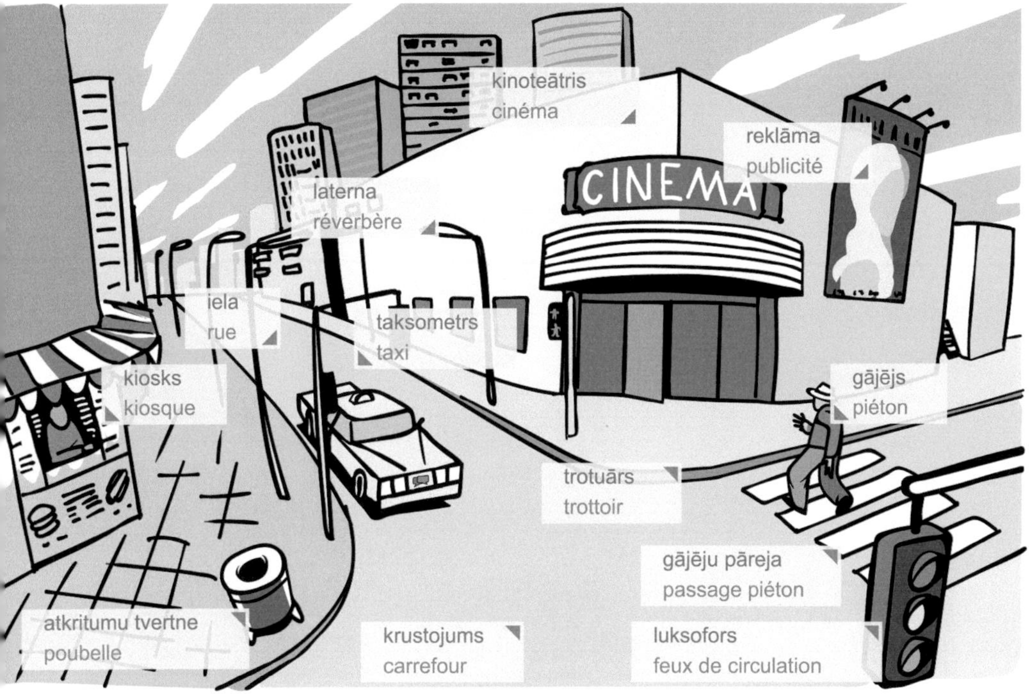
kinoteātris
cinéma
CINEMA
reklāma
publicité
laterna
réverbère
iela
rue
taksometrs
taxi
kiosks
kiosque
gājējs
piéton
trotuārs
trottoir
gājēju pāreja
passage piéton
atkritumu tvertne
poubelle
krustojums
carrefour
luksofors
feux de circulation

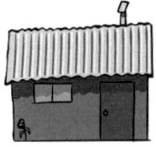

būda

cabane

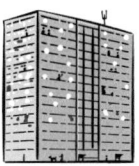

dzīvoklis

appartement

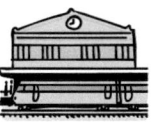

dzelzceļa stacija

gare

rātsnams

mairie

MUSEUM

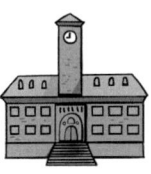

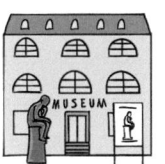

muzejs

musée

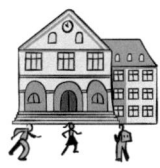

skola

école

universitāte
université

banka
banque

slimnīca
hôpital

viesnīca
hôtel

aptieka
pharmacie

birojs
bureau

grāmatnīca
librairie

veikals
magasin

ziedu veikals
fleuriste

lielveikals
supermarché

tirgus
marché

tirdzniecības centrs
grand magasin

zivju tirgotājs
poissonnerie

tirdzniecības centrs
centre commercial

osta
port

parks

parc

sols

banque

tilts

pont

kāpnes

escaliers

metro

métro

tunelis

tunnel

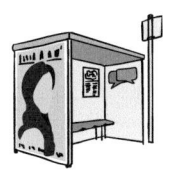

autobusa pieturvieta

arrêt de bus

bārs

bar

restorāns

restaurant

pastkastīte

boîte à lettres

ielas nosaukuma plāksne

panneau indicateur

stāvlaika skaitītājs

parcmètre

zooloģiskais dārzs

zoo

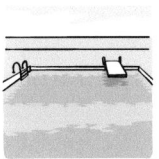

peldbaseins

piscine

mošeja

mosquée

zemnieku saimniecība

ferme

vides piesārņojums

pollution

kapsēta

cimetière

baznīca

église

spēļu laukums

aire de jeux

templis

temple

ainava

paysage

lapa
feuille

ceļrādis
panneau indicateur

ceļš
chemin

pļava
pré

akmens
pierre

koks
arbre

ceļotājs
randonneur

upe
rivière

zāle
herbe

puķe
fleur

ieleja
vallée

kalns
montagne

ezers
lac

mežs
forêt

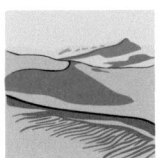

tuksnesis
désert

vulkāns
volcan

pils
château

varavīksne
arc-en-ciel

sēne
champignon

palma
palmier

moskīts
moustique

muša
mouche

skudra
fourmis

bite
abeille

zirneklis
araignée

vabole

coléoptère

varde

grenouille

vāvere

écureuil

ezis

hérisson

zaķis

lièvre

pūce

chouette

putns

oiseau

gulbis

cygne

meža cūka

sanglier

briedis

cerf

alnis

élan

aizsprosts

barrage

vēja ģenerators

éolienne

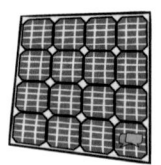

saules baterija

panneau solaire

klimats

climat

restorāns
restaurant

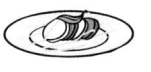

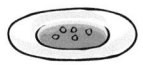

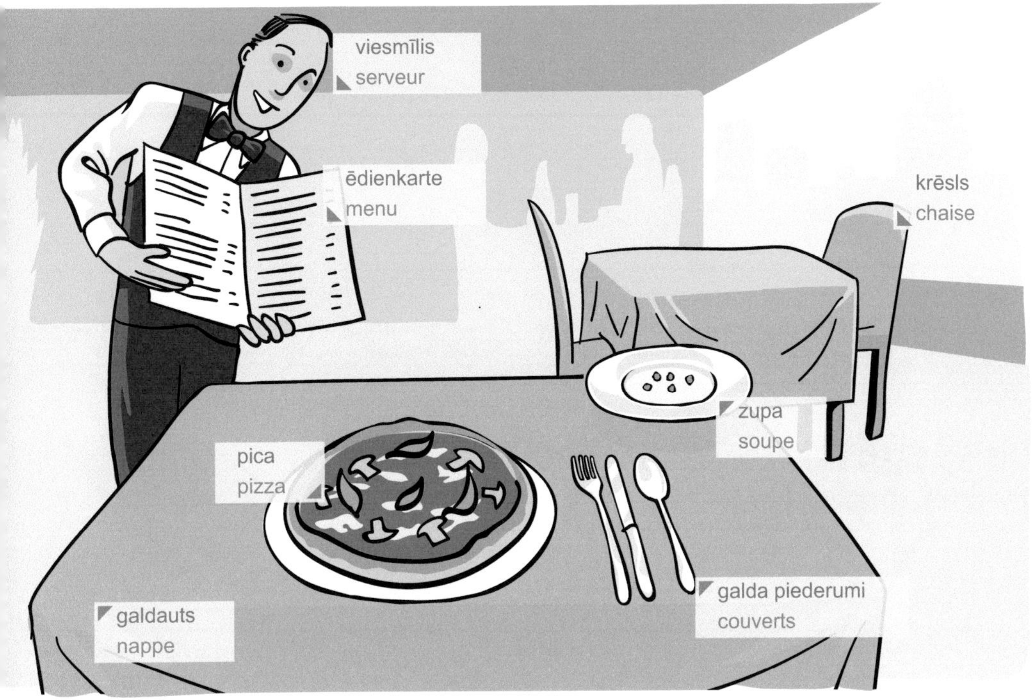
viesmīlis
serveur
ēdienkarte
menu
krēsls
chaise
zupa
soupe
pica
pizza
galda piederumi
couverts
galdauts
nappe

uzkoda

hors d'œuvre

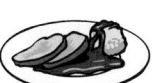

pamatēdiens

plat principal

deserts

dessert

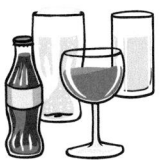

dzērieni

boissons

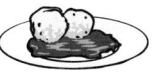

ēdiens

alimentation

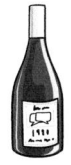

pudele

bouteille

ātrās uzkodas

fast-food

ielu uzkodas

plats à emporter

tējkanna

théière

cukurtrauks

sucrier

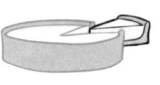

porcija

portion

espresso kafijas automāts

machine à expresso

bāra krēsls

chaise haute

rēķins

facture

paplāte

plateau

nazis

couteau

dakša

fourchette

karote

cuillère

tējkarote

cuillère à thé

salvete

serviette

glāze

verre

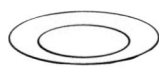

šķīvis

assiette

zupas šķīvis

assiette à soupe

apakštase

soucoupe

mērce

sauce

sāls trauciņš

salière

piparu dzirnaviņas

moulin à poivre

etiķis

vinaigre

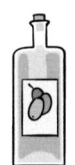

eļļa

huile

garšvielas

épices

kečups

ketchup

sinepes

moutarde

majonēze

mayonnaise

lielveikals
supermarché

piedāvājums
offre promotionnelle
klients
client
piena produkti
produits laitiers
FOR
augļi
fruits
iepirkumu ratiņi
chariot

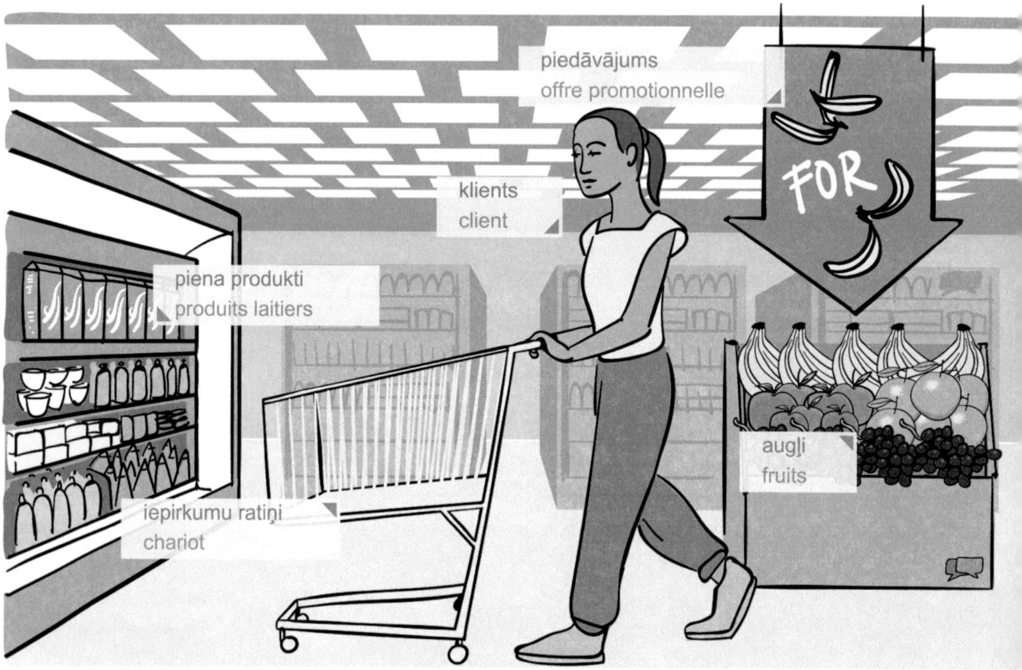

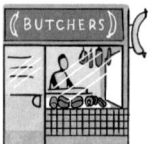

BUTCHERS
kautuve
boucherie

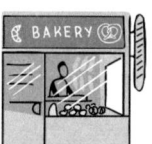

BAKERY
maizes veikals
boulangerie

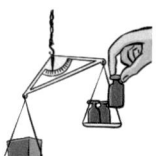

svērt
peser

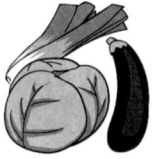

dārzeņi
légumes

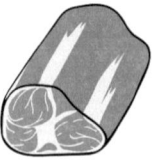

gaļa
viande

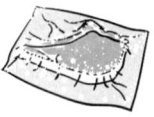

saldēti produkti
aliments surgelés

aukstās gaļas uzkodas

charcuterie

konservi

conserves

pulveris

poudre à lessive

saldumi

bonbons

mājsaimniecības preces

articles ménagers

tīrīšanas līdzeklis

détergents

pārdevēja

vendeuse

kase

caisse

kasieris

caissier

iepirkumu saraksts

liste d'achats

darba laiks

heures d'ouverture

maks

portefeuille

kredītkarte

carte de crédit

soma

sac

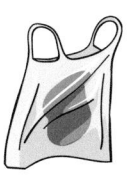

maisiņš

sac en plastique

ūdens

eau

sula

jus de fruit

piens

lait

kola

coca

vīns

vin

alus

bière

alkohols

alcool

kakao

chocolat chaud

tēja

thé

kafija

café

espresso

expresso

kapučīno

cappuccino

banāns

banane

ābols

pomme

apelsīns

orange

melone

melon

citrons

citron

burkāns

carotte

ķiploks

ail

bambuss

bambou

sīpols

oignon

sēne

champignon

rieksti

noisettes

makaroni

pâtes

spageti

spaghetti

rīsi

riz

salāti

salade

frī kartupeļi

pommes frites

cepti kartupeļi

pommes de terre rôties

pica

pizza

hamburgers

hamburger

sviestmaize

sandwich

šnicele

escalope

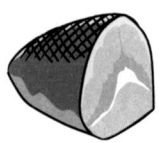

šķiņķis

jambon

salami

salami

desa

saucisse

vista

poulet

cepetis

rôti

zivs

poisson

auzu pārslas
flocons d'avoine

muslis
muesli

brokastu pārslas
cornflakes

milti
farine

radziņš
croissant

brokastu maizītes
petits-pains

maize
pain

tostermaize
pain grillé

cepumi
biscuits

sviests
beurre

biezpiens
le fromage blanc

kūka
gâteau

ola
œuf

cepta ola
œuf au plat

siers
fromage

saldējums

glace

cukurs

sucre

medus

miel

marmelāde

confiture

riekstu krēms

crème nougat

karijs

curry

zemnieku saimniecība
ferme

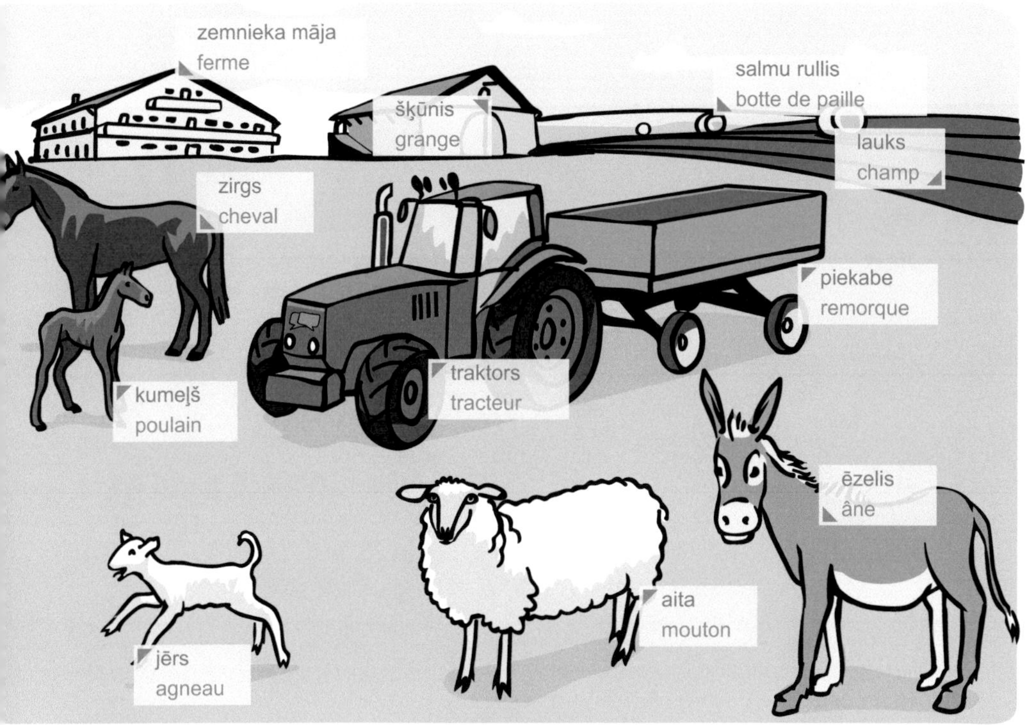

zemnieka māja
ferme
salmu rullis
botte de paille
šķūnis
grange
lauks
champ
zirgs
cheval
piekabe
remorque
traktors
tracteur
kumeļš
poulain
ēzelis
âne
aita
mouton
jērs
agneau

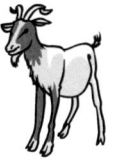

kaza

chèvre

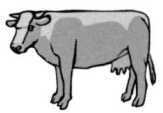

govs

vache

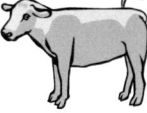

teļš

veau

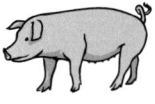

cūka

porc

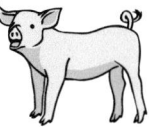

sivēns

porcelet

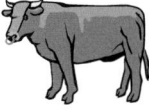

bullis

taureau

zoss

oie

pīle

canard

cālis

poussin

vista

poule

gailis

coq

žurka

rat

kaķis

chat

pele

souris

vērsis

bœuf

suns

chien

suņa būda

chenil

dārza šļūtene

tuyau de jardin

lejkanna

arrosoir

izkapts

faucheuse

arkls

charrue

sirpis

faucille

kaplis

pioche

mēslu dakša

fourche

cirvis

hache

ķerra

brouette

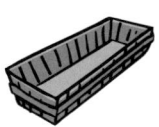

sile

cuve

piena kanna

pot à lait

maiss

sac

žogs

clôture

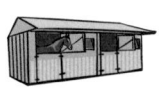

kūts

étable

siltumnīca

serre

augsne

sol

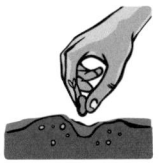

sēklas

semences

mēslojums

engrais

kombains

moissonneuse-batteuse

novākt ražu

récolter

raža

récolte

jamss

igname

kvieši

blé

soja

soja

kartupelis

pomme de terre

kukurūza

maïs

rapsis

colza

augļu koks

arbre fruitier

manioka

manioc

labība

céréales

māja
maison

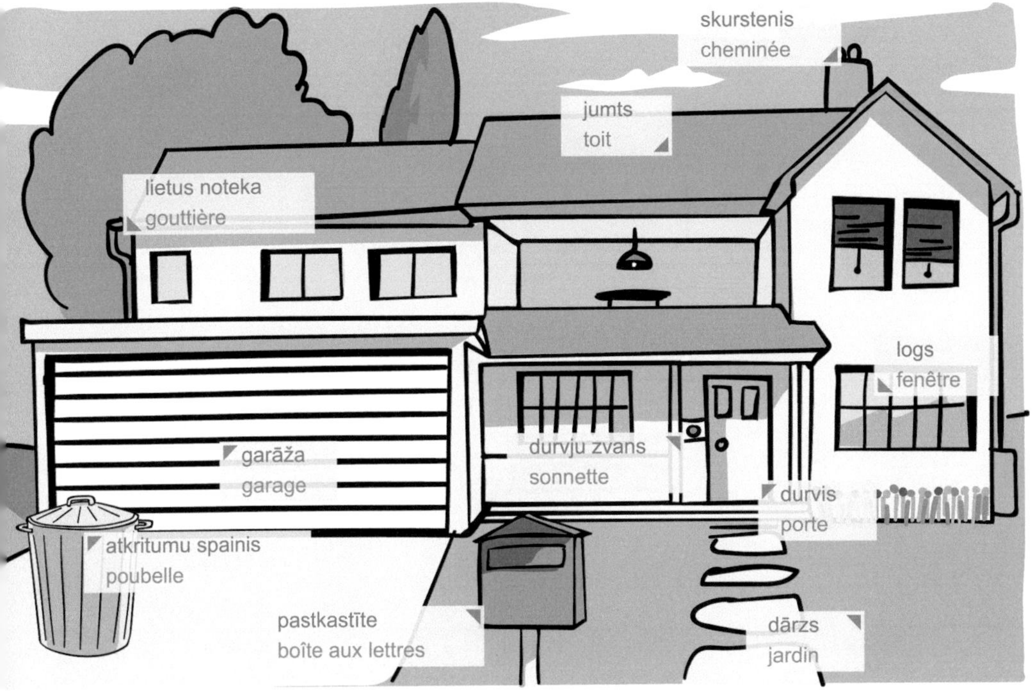

skurstenis
cheminée
jumts
toit
lietus noteka
gouttière
logs
fenêtre
garāža
garage
durvju zvans
sonnette
durvis
porte
atkritumu spainis
poubelle
pastkastīte
boîte aux lettres
dārzs
jardin

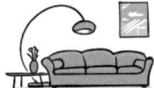

viesistaba

salon

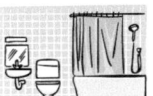

vannas istaba

salle de bain

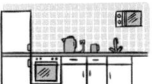

virtuve

cuisine

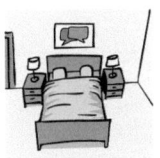

guļamistaba

chambre à coucher

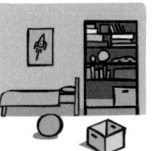

bērnu istaba

chambre d'enfant

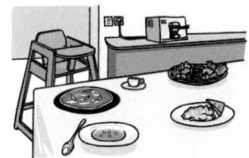

ēdamistaba

salle à manger

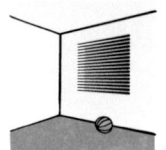

grīda

sol

siena

mur

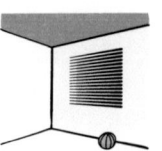

griesti

plafond

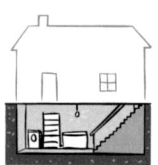

pagrabs

cave

sauna

sauna

balkons

balcon

terase

terrasse

baseins

piscine

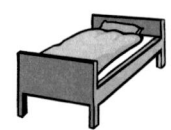

zāles pļāvējs

tondeuse à gazon

gultas veļa

housse

sega

couette

gulta

lit

slota

balai

spainis

sceau

slēdzis

interrupteur

viesistaba
salon

tapetes
papier peint
attēls
image
lampa
lampe
plaukts
étagère
skapis
armoire
televizors
télé
kamīns
cheminée
puķe
fleur
spilvens
coussin
dīvāns
sofa
vāze
vase
tālvadības pults
télécommande

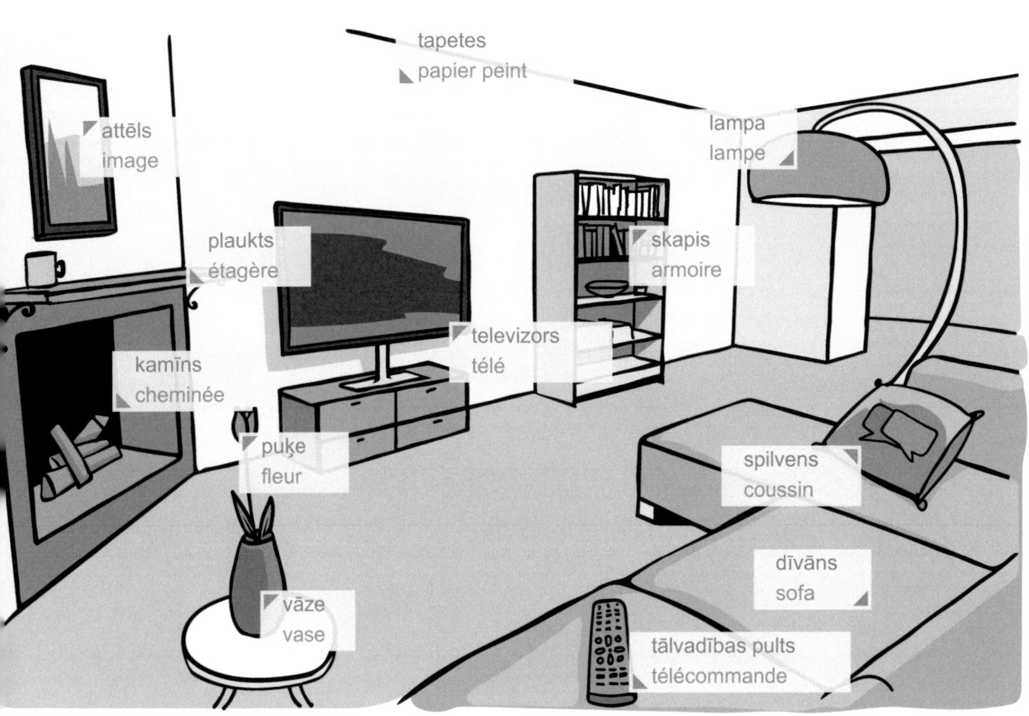

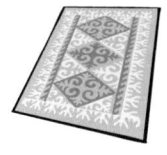

paklājs

tapis

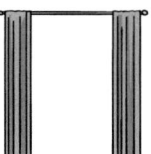

aizkars

rideau

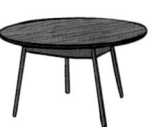

galds

table

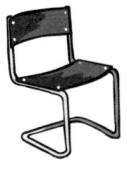

krēsls

chaise

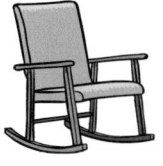

šūpuļkrēsls

chaise à bascule

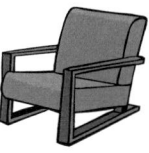

atpūtas krēsls

fauteuil

grāmata

livre

sega

couverture

dekorācija

décoration

malka

bois de chauffage

filma

film

mūzikas centrs

chaîne hi-fi

atslēga

clé

avīze

journal

glezna

peinture

plakāts

poster

radio

radio

pierakstu blociņš

bloc-notes

putekļu sūcējs

aspirateur

kaktuss

cactus

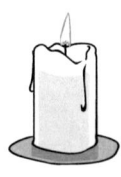

svece

bougie

virtuve
cuisine

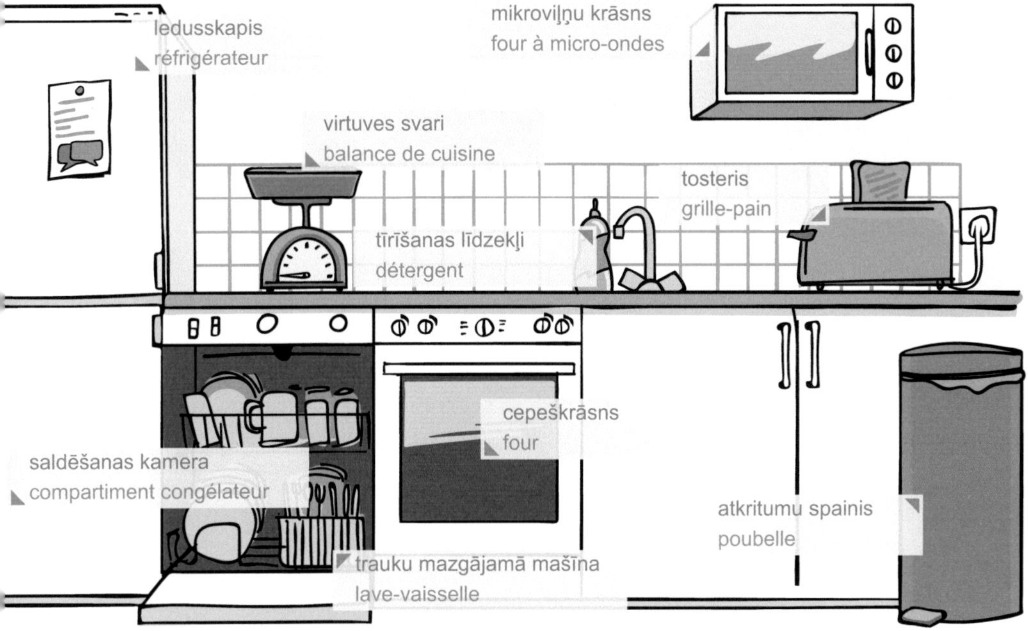
ledusskapis
réfrigérateur
mikroviļņu krāsns
four à micro-ondes
virtuves svari
balance de cuisine
tosteris
grille-pain
tīrīšanas līdzekļi
détergent
cepeškrāsns
four
saldēšanas kamera
compartiment congélateur
atkritumu spainis
poubelle
trauku mazgājamā mašīna
lave-vaisselle

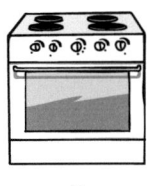

plīts

four

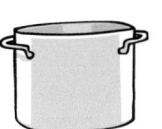

pods

casserole

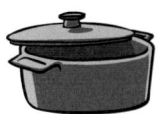

katls

marmite

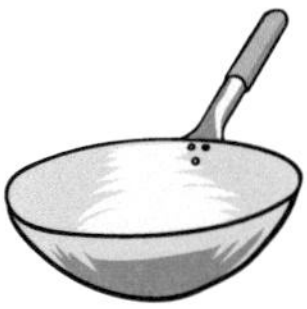
Wok panna

wok / kadai

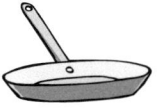

panna

poêle

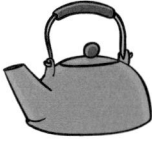

elektriskā tējkanna

bouilloire electrique

tvaika katls

cuiseur vapeur

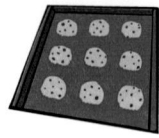

cepešpanna

plaque de cuisson

trauki

vaisselle

krūze

gobelet

bļoda

coupe

irbulīši

baguettes

kauss

louche

lāpstiņa

spatule

putošanas slotiņa

fouet

sietiņš

passoire

siets

tamis

rīve

râpe

piesta

mortier

grilēt

barbecue

atklāts pavards

cheminée

dēlis

planche à découper

mīklas rullis

rouleau à pâtisserie

korķu vilķis

tire-bouchon

bundža

boîte

konservu nazis

ouvre-boîte

virtuves cimdi

maniques

izlietne

lavabo

birste

brosse

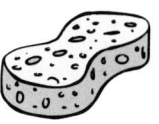

sūklis

éponge

mikseris

mixeur

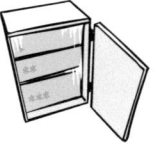

saldētava

congélateur

bērna pudelīte

biberon

ūdenskrāns

robinet

vannas istaba

salle de bain

apkure
chauffage
dvielis
serviette
duša
douche
dušas aizkari
rideau de douche
vannas putas
bain moussant
vanna
baignoire
glāze
verre
veļas mašīna
machine à laver
ūdenskrāns
robinet
flīzes
carrelage
podiņš
pot
izlietne
lavabo

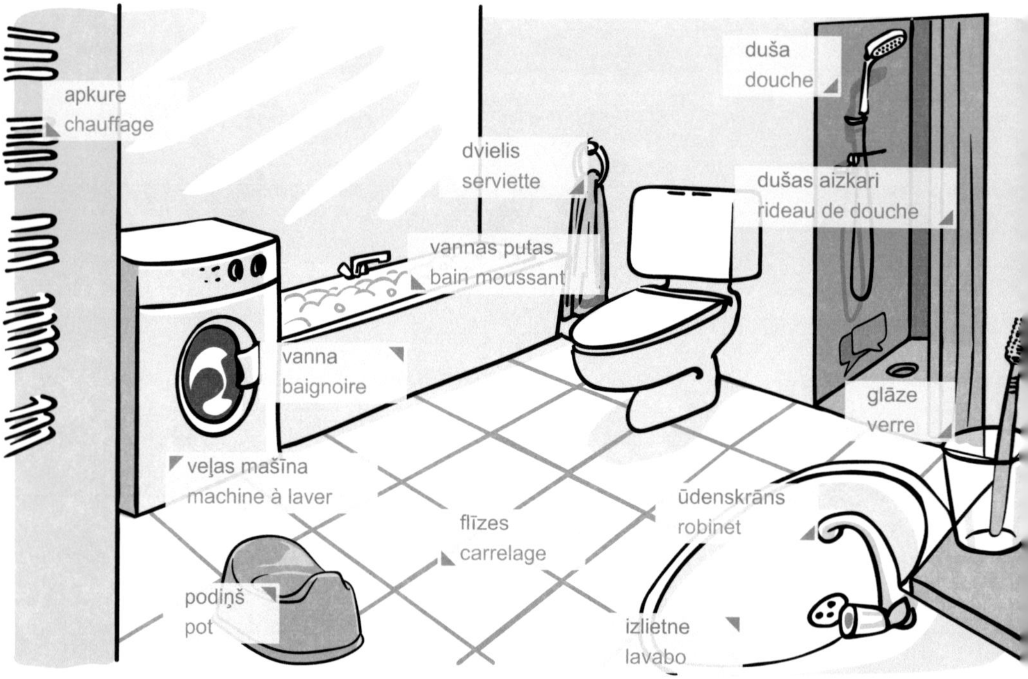

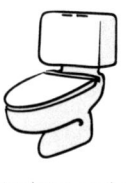

tualetes pods

toilettes

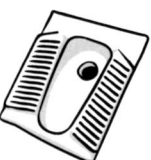

Āzijas tipa tualete

toilette à la turque

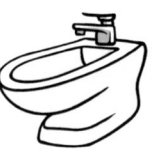

bidē

bidet

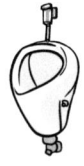

pisuārs

urinoir

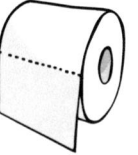

tualetes papīs

papier toilette

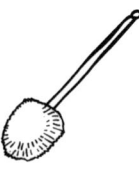

tualetes birste

brosse à toilette

zobu birste

brosse à dents

zobu pasta

dentifrice

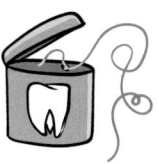

zobu diegs

fil dentaire

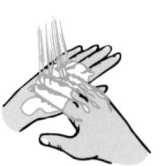

mazgāt

laver

rokas duša

douche manuelle

duša

douche intime

bļoda

vasque

muguras mazgāšanas birste

brosse dorsale

ziepes

savon

dušas želeja

gel douche

šampūns

shampooing

mazgāšanas drāna

gant de toilette

noteka

écoulement

krēms

crème

dezodorants

déodorant

spogulis

miroir

spogulītis

miroir cosmétique

skuveklis

rasoir

skūšanās putas

mousse à raser

losjons pēc skūšanās

après-rasage

ķemme

peigne

matu suka

brosse

matu fēns

sèche-cheveux

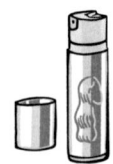

matu laka

laque pour cheveux

grima komplekts

fond de teint

lūpu krāsa

rouge à lèvres

nagulaka

vernis à ongles

vate

ouate

šķērītes

coupe-ongles

smaržas

parfum

kosmētikas maks

trousse de toilette

ķeblītis

tabouret

svari

pèse-personne

halāts

peignoir

tīrīšanas cimdi

gants de nettoyage

tampons

tampon

pakete

serviettes hygiéniques

ķīmiskā tualete

toilette chimique

bērnu istaba
chambre d'enfant

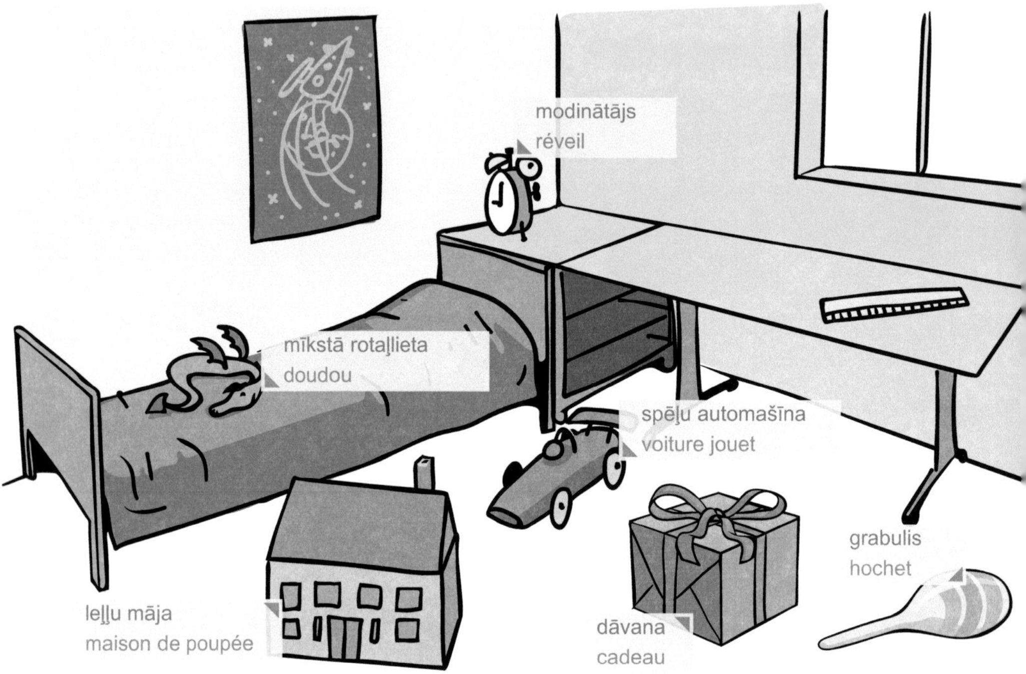

modinātājs
réveil
mīkstā rotaļlieta
doudou
spēļu automašīna
voiture jouet
grabulis
hochet
leļļu māja
maison de poupée
dāvana
cadeau

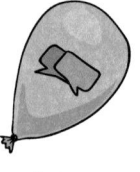

balons

ballon

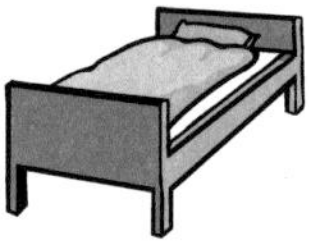

gulta

lit

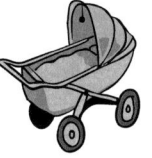

bērnu ratiņi

poussette

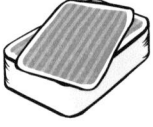

kārtis

jeu de cartes

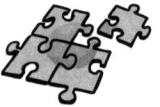

puzle

puzzle

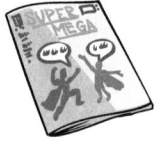

komikss

bande dessinée

LEGO klucīši

pièces lego

klucīši

blocs de construction

varoņu figūra

figurine

rāpulītis

grenouillère

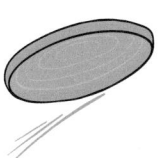

lidojošais šķīvītis

frisbee

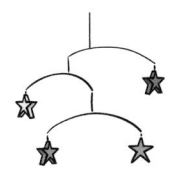

muzikālais karuselis

mobile

galda spēle

jeu de société

metamais kauliņš

dé

rotaļu dzelzceļš

train miniature

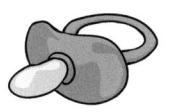

māneklis

sucette

ballīte

fête

bilžu grāmata

livre d'images

bumba

balle

lelle

poupée

spēlēt

jouer

smilšu kaste

bac à sable

šūpoles

balançoire

rotaļlietas

jouets

spēļu konsole

console de jeu

trīsritenis

tricycle

plīša lācītis

ours en peluche

drēbju skapis

armoire

apģērbs

vêtements

īszeķes

chaussettes

zeķes

bas

zeķbikses

collant

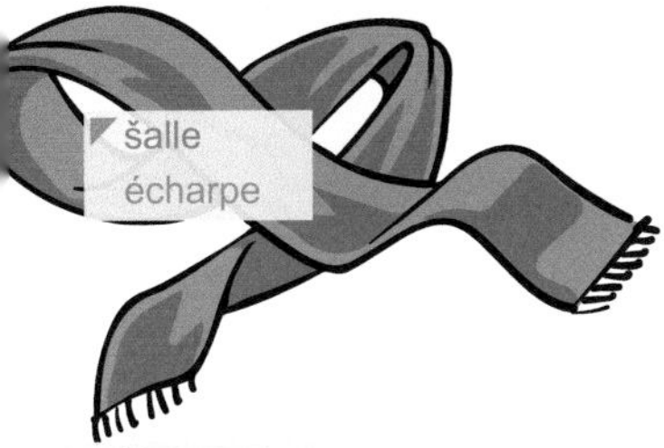

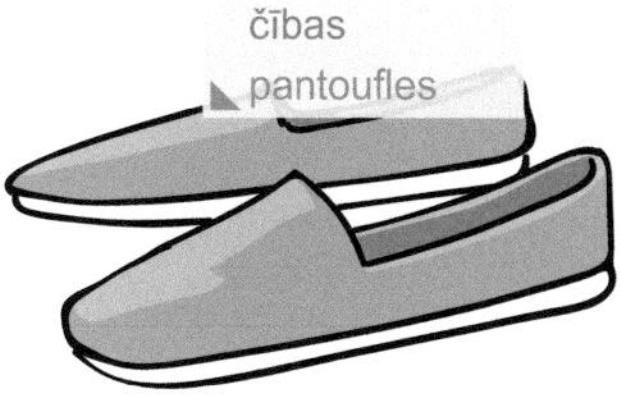

šalle
écharpe

siksna
ceinture

lietussargs
parapluie

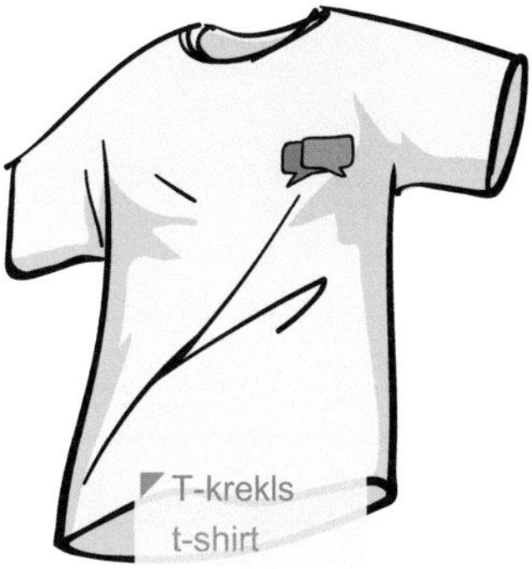

T-krekls
t-shirt

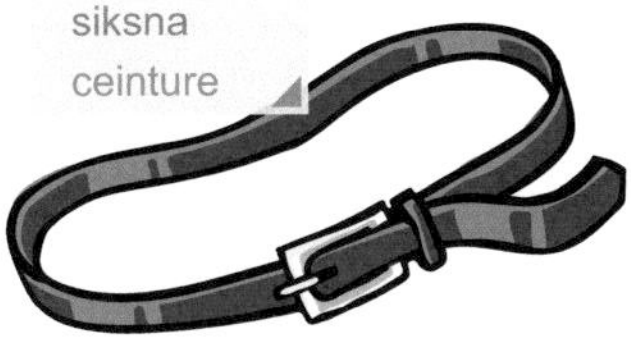

zābaks
bottes

čības
pantoufles

botas
baskets

sandales
....
sandales

kurpes
....
chaussures

gumijas zābaki
....
bottes de caoutchouc

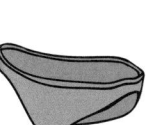
apakšbikses
....
sous-vêtements

krūšturis
....
soutien-gorge

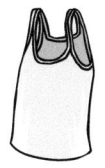
apakškrekls
....
maillot de corps

bodijs
body

bikses
pantalon

džinsi
jean

svārki
jupe

blūze
chemisier

krekls
chemise

pulovers
pull

džemperis
sweat à capuche

žakete
veste

jaka
veste

mētelis
manteau

lietus mētelis
imperméable

kostīms
costume

kleita
robe

kāzu kleita
robe de mariée

uzvalks

costume

naktskrekls

chemise de nuit

pidžama

pyjama

sari

sari

lakats

foulard

turbāns

turban

burka

burqa

kaftāns

caftan

abaja

abaya

peldkostīms

maillot de bain

peldbikses

maillot de bain

šorti

short

treniņtērps

tenue d'entraînement

priekšauts

tablier

cimdi

gants

poga

bouton

brilles

lunettes

rokassprādze

bracelet

kaklarota

collier

gredzens

bague

auskars

boucle d'oreille

cepure

bonnet

drēbju pakaramais

cintre

platmale

chapeau

kaklasaite

cravate

rāvējslēdzējs

fermeture éclair

ķivere

casque

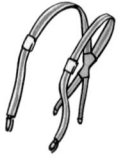

bikšturi

bretelles

skolas forma

uniforme scolaire

uniforma

uniforme

priekšautiņš

bavoir

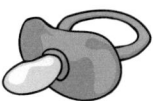

māneklis

sucette

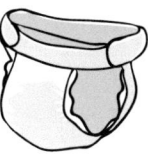

autiņbiksītes

lange

birojs
bureau

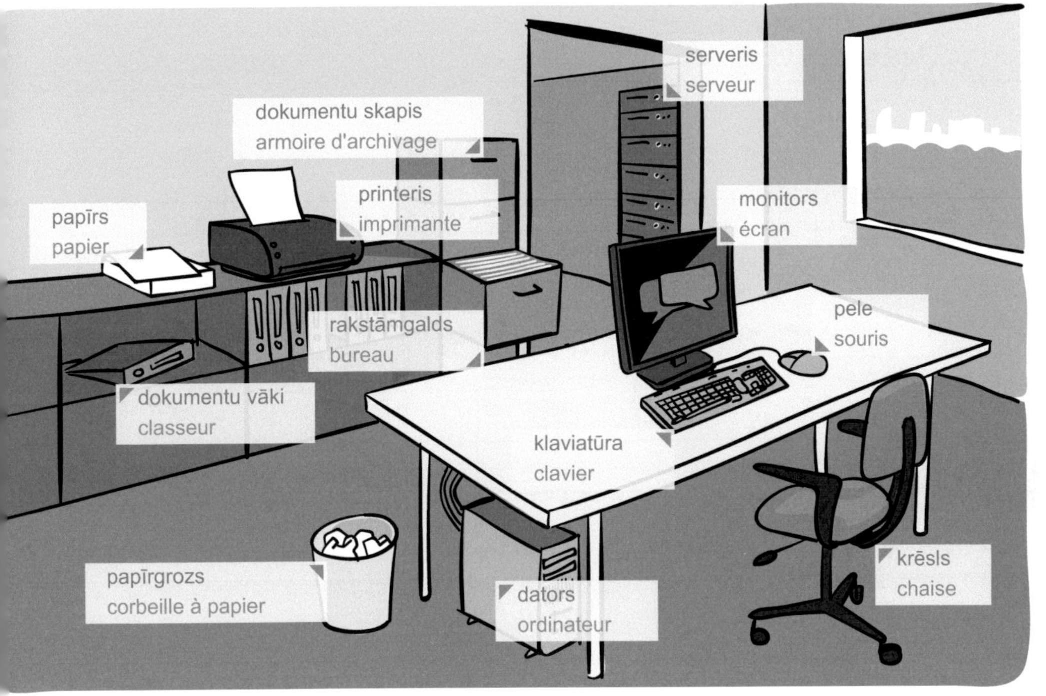

serveris
serveur

dokumentu skapis
armoire d'archivage

printeris
imprimante

monitors
écran

papīrs
papier

rakstāmgalds
bureau

pele
souris

dokumentu vāki
classeur

klaviatūra
clavier

papīrgrozs
corbeille à papier

dators
ordinateur

krēsls
chaise

kafijas krūze

tasse de café

kalkulators

calculatrice

internets

internet

portatīvais dators
ordinateur portable

vēstule
lettre

ziņa
message

mobilais tālrunis
portable

tīkls
réseau

kopētājs
photocopieuse

programmatūra
logiciel

telefons
téléphone

rozete
prise

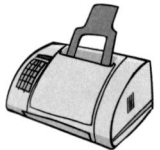

faksa aparāts
fax

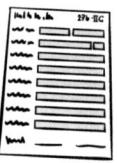

formulārs
formulaire

dokuments
document

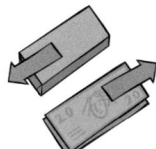

pirkt

acheter

samaksāt

payer

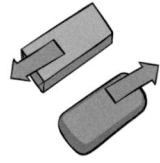

tirgot

faire du commerce

nauda

monnaie

dolārs

dollar

eiro

euro

jēna

yen

rublis

rouble

franks

franc suisse

juaņa renminbi

renminbi yuan

rūpija

roupie

bankomāts

distributeur automatique

valūtas maiņas punkts

bureau de change

zelts

or

sudrabs

argent

nafta

pétrole

enerģija

énergie

cena

prix

līgums

contrat

nodoklis

taxe

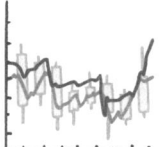

akcija

action

strādāt

travailler

darbinieks

employé

darba devējs

employeur

fabrika

usine

veikals

magasin

profesijas
professions

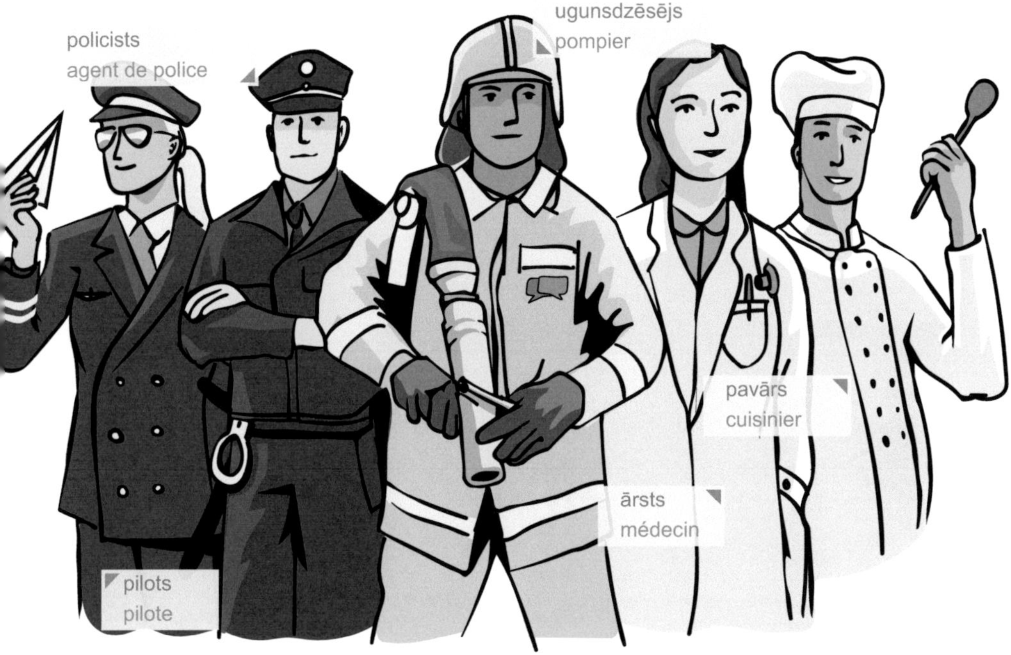

ugunsdzēsējs
pompier
policists
agent de police
pavārs
cuisinier
ārsts
médecin
pilots
pilote

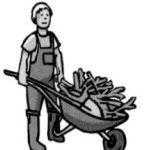

dārznieks

jardinier

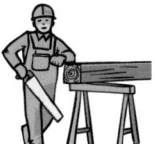

galdnieks

menuisier

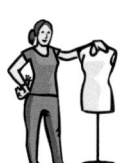

šuvēja

couturière

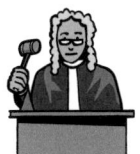

tiesnesis

juge

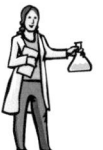

ķīmiķis

chimiste

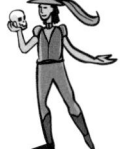

aktieris

acteur

autobusa vadītājs

conducteur de bus

taksometra vadītājs

chauffeur de taxi

zvejnieks

pêcheur

apkopēja

femme de ménage

jumiķis

couvreur

viesmīlis

serveur

mednieks

chasseur

gleznotājs

peintre

maiznieks

boulanger

elektriķis

électricien

celtnieks

ouvrier

inženieris

ingénieur

miesnieks

boucher

skārdnieks

plombier

pastnieks

facteur

karavīrs

soldat

arhitekts

architecte

kasieris

caissier

florists

fleuriste

frizieris

coiffeur

konduktors

contrôleur

mehāniķis

mécanicien

kapteinis

capitaine

zobārsts

dentiste

zinātnieks

scientifique

rabīns

rabbin

imāms

imam

mūks

moine

mācītājs

prêtre

instrumenti
outils

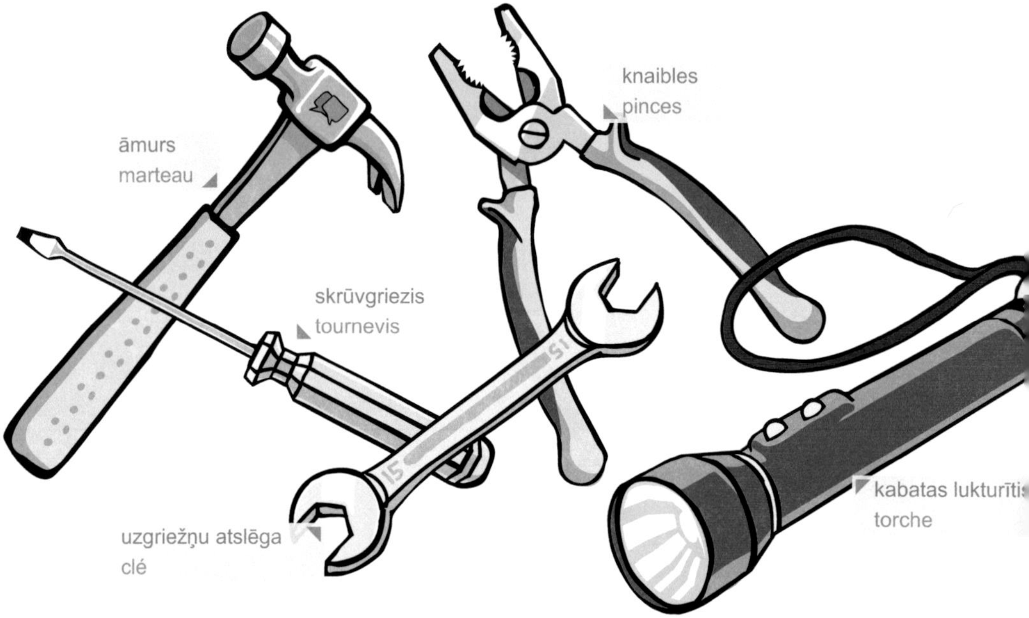
knaibles
pinces
āmurs
marteau
skrūvgriezis
tournevis
kabatas lukturīti
torche
uzgriežņu atslēga
clé

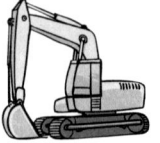

ekskavators
pelleteuse

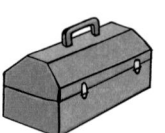

instrumentu kaste
boîte à outils

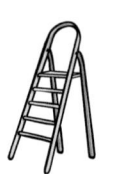

kāpnes
échelle

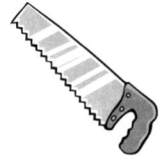

zāģis
scie

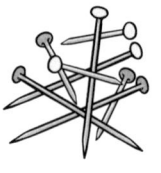

naglas
clous

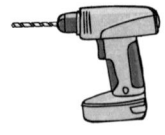

urbis
perceuse

remontēt

réparer

lāpsta

pelle

Velns!

Mince !

liekšķere

pelle

krāsas bundža

pot de peinture

skrūves

vis

mūzikas instrumenti
instruments de musique

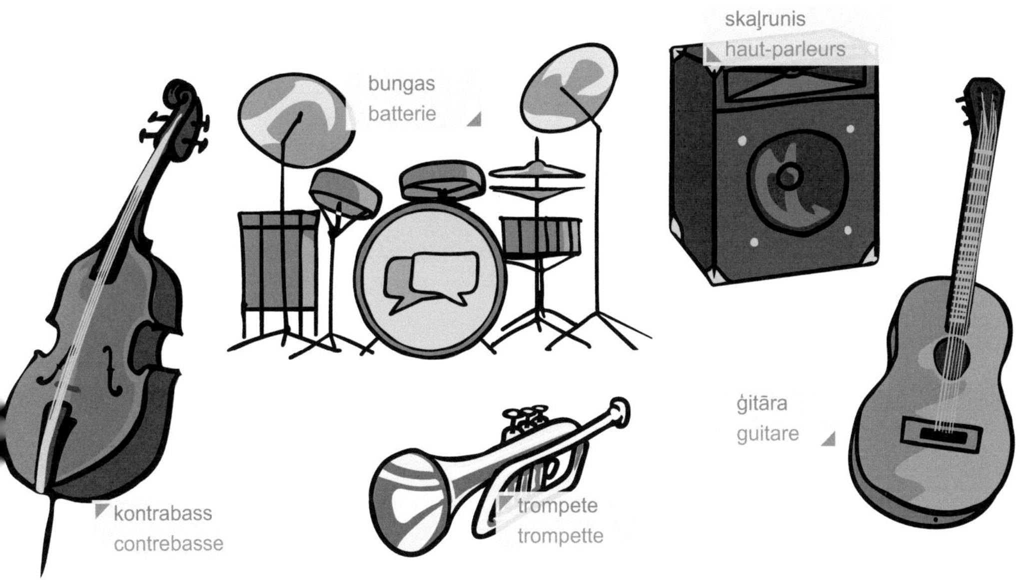

bungas
batterie

skaļrunis
haut-parleurs

ģitāra
guitare

kontrabass
contrebasse

trompete
trompette

klavieres

piano

vijole

violon

bass

basse

timpāni

timbales

bungas

tambour

digitālās klavieres

piano électrique

saksofons

saxophone

flauta

flûte

mikrofons

microphone

tīģeris
tigre

ieeja
entrée

būris
cage

zebra
zèbre

dzīvnieku barība
alimentation animale

panda
panda

dzīvnieki

animaux

zilonis

éléphant

ķengurs

kangourou

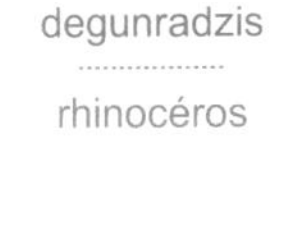

degunradzis

rhinocéros

gorilla

gorille

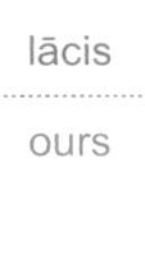

lācis

ours

kamielis

chameau

strauss

autruche

lauva

lion

pērtiķis

singe

flamings

flamand rose

papagailis

perroquet

polārlācis

ours polaire

pingvīns

pingouin

haizivs

requin

pāvs

paon

čūska

serpent

krokodils

crocodile

zoodārza sargs

gardien de zoo

ronis

phoque

jaguārs

jaguar

ponijs

poney

leopards

léopard

nīlzirgs

hippopotame

žirafe

girafe

ērglis

aigle

meža cūka

sanglier

zivs

poisson

bruņurupucis

tortue

valzirgs

morse

lapsa

renard

gazele

gazelle

amerikāņu futbols
american Football

riteņbraukšana
cyclisme

teniss
tennis

basketbols
basket-ball

peldēšana
natation

bokss
boxe

hokejs
hockey sur glace

futbols
football

badmintons
badminton

vieglatlētika
athlétisme

rokas bumba
handball

slēpošana
ski

polo
polo

smieties
rire

lēkt
sauter

apskaut
embrasser

dziedāt
chanter

iet
marcher

sapņot
rêver

lūgt
prier

skūpstīt
faire la bise

rakstīt

écrire

zīmēt

dessiner

rādīt

montrer

spiest

pousser

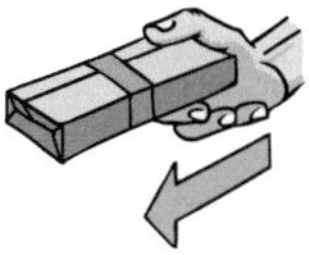

dot

donner

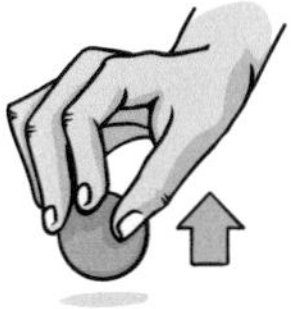

ņemt

prendre

būt

avoir

darīt

faire

būt

être

stāvēt

être debout

skriet

courir

vilkt

trier

mest

jeter

krist

tomber

gulēt

être couché

gaidīt

attendre

nest

porter

sēdēt

être assis

uzģērbt

s'habiller

gulēt

dormir

pamosties

se réveiller

skatīties

regarder

raudāt

pleurer

glāstīt

caresser

ķemmēt

peigner

runāt

parler

saprast

comprendre

jautāt

demander

dzirdēt

écouter

dzert

boire

ēst

manger

sakārtot

ranger

mīlēt

aimer

vārīt

cuire

braukt

conduire

lidot

voler

burot

faire de la voile

rēķināt

calculer

lasīt

lire

mācīties

apprendre

strādāt

travailler

precēties

se marier

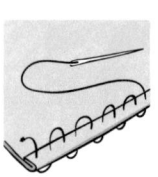

šūt

coudre

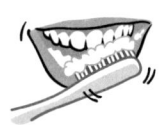

tīrīt zobus

brosser les dents

nogalināt

tuer

smēķēt

fumer

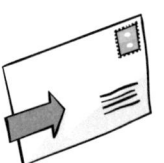

sūtīt

envoyer

ģimene
famille

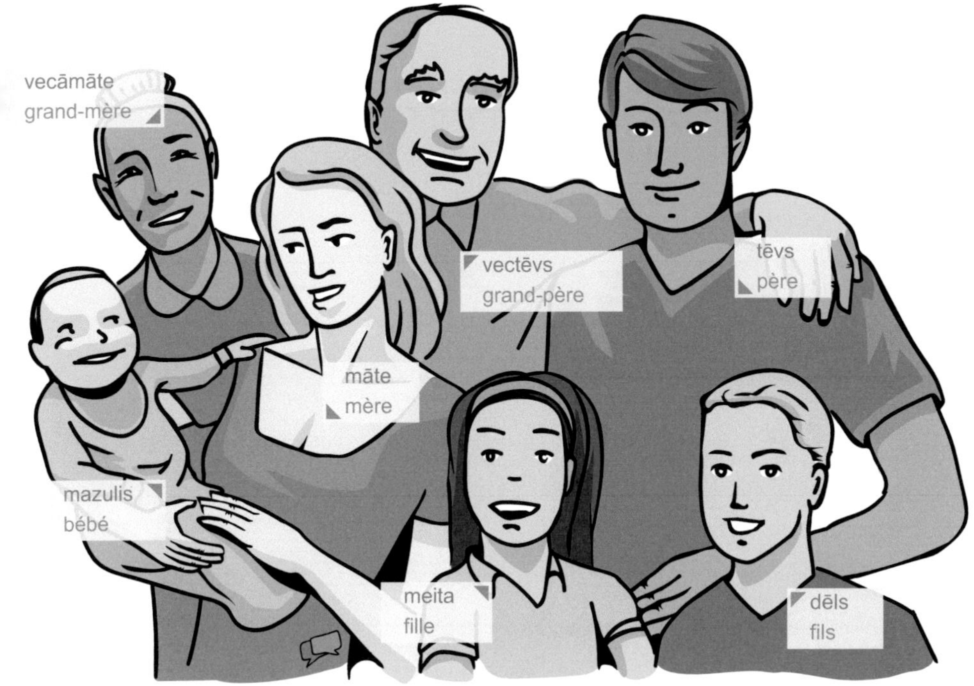

vecāmāte
grand-mère
vectēvs
grand-père
tēvs
père
māte
mère
mazulis
bébé
meita
fille
dēls
fils

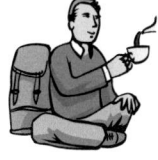

viesis

hôte

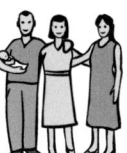

tante

tante

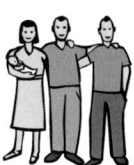

onkulis

oncle

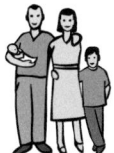

brālis

frère

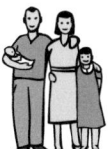

māsa

sœur

ķermenis
corps

piere
front
acs
œil
plecs
épaule
pirksts
doigt
seja
visage
zods
menton
roka
main
krūtis
poitrine
kāja
jambe
roka
bras

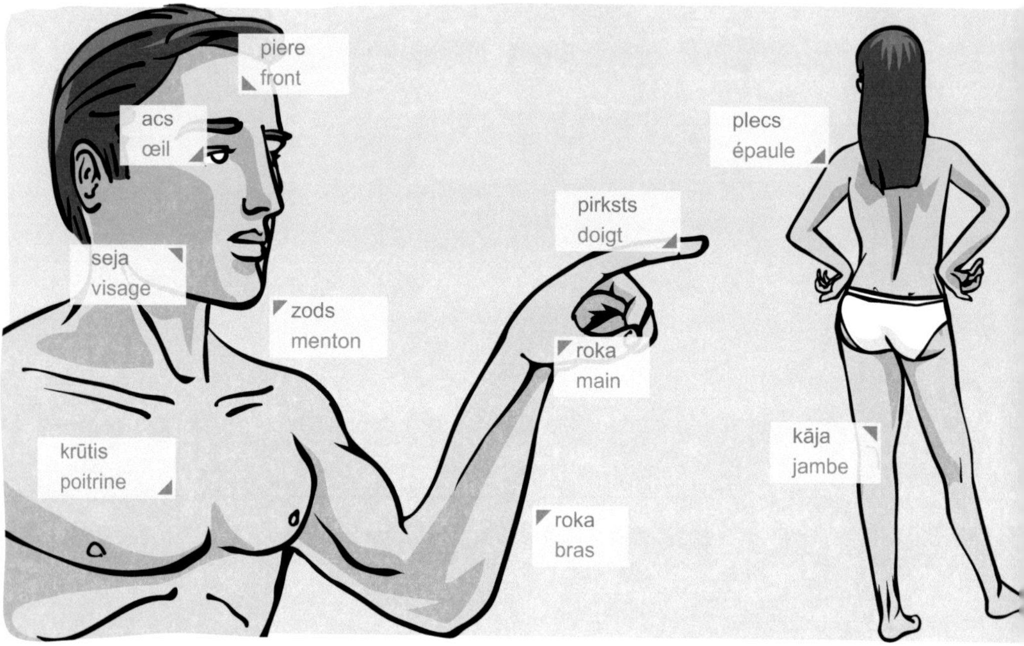

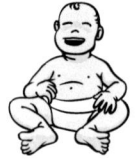

mazulis

bébé

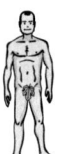

vīrietis

homme

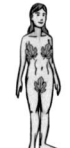

sieviete

femme

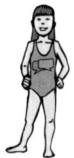

meitene

fille

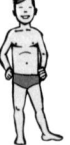

zēns

garçon

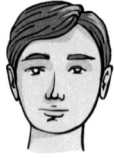

galva

tête

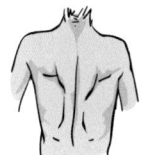

mugura

dos

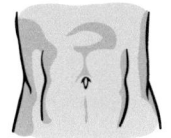

vēders

ventre

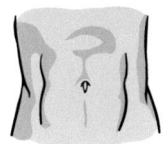

naba

nombril

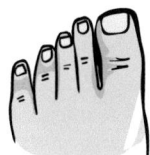

kājas pirksts

orteil

papēdis

talon

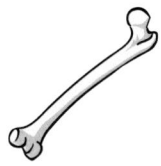

kauls

os

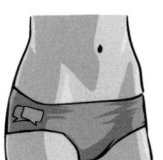

gurns

hanche

celis

genou

elkonis

coude

deguns

nez

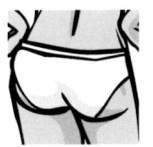

dibens

fesses

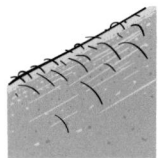

āda

peau

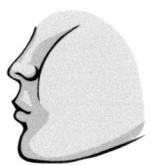

vaigs

joue

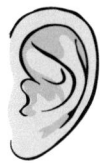

auss

oreille

lūpa

lèvre

mute

bouche

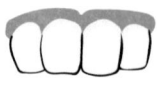

zobs

dent

mēle

langue

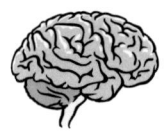

smadzenes

cerveau

sirds

cœur

muskulis

muscle

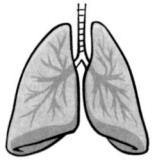

plaušas

poumons

aknas

foie

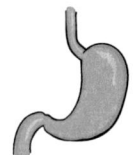

kuņģis

estomac

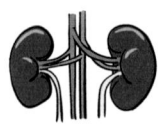

nieres

reins

dzimumakts

rapport sexuel

kondoms

préservatif

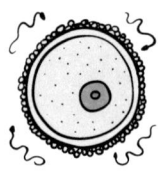

olšūna

ovule

sperma

sperme

grūtniecība

grossesse

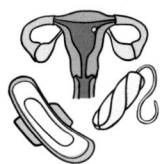

menstruācijas

menstruation

vagīna

vagin

penis

pénis

uzacs

sourcil

mati

cheveux

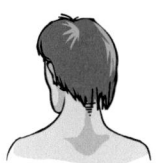

kakls

cou

slimnīca
hôpital

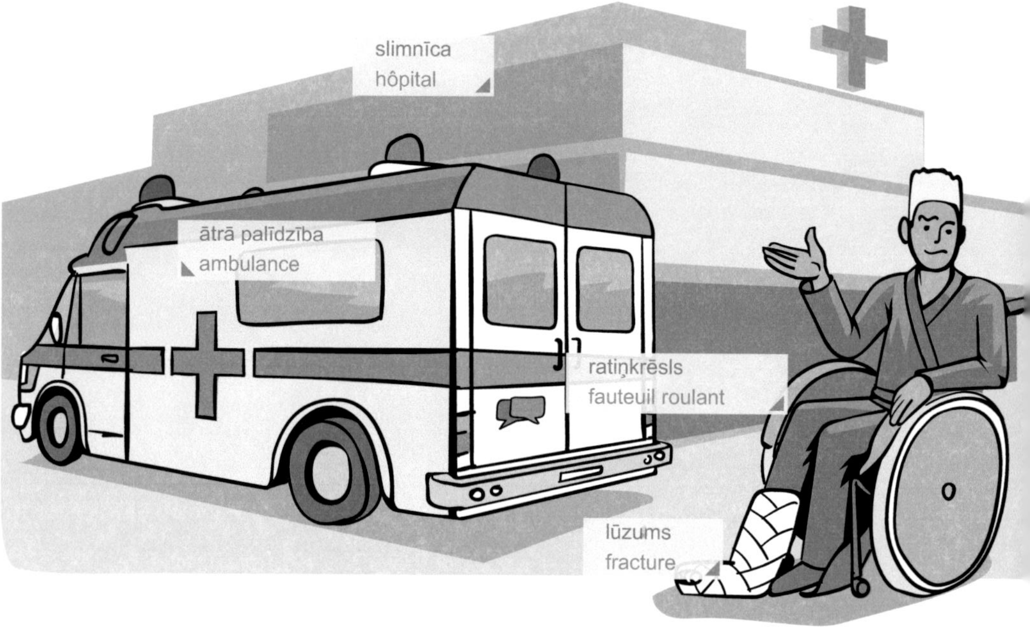

slimnīca
hôpital
ātrā palīdzība
ambulance
ratiņkrēsls
fauteuil roulant
lūzums
fracture

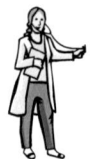

ārsts

médecin

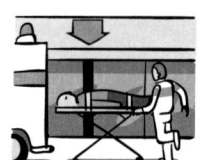

neatliekamās palīdzības nodaļa

service des urgences

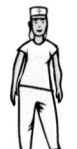

medmāsa

infirmière

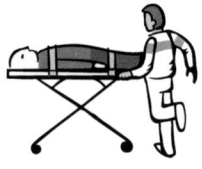

ārkārtas gadījums

urgence

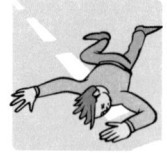

paģībis

inconscient

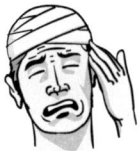

sāpes

douleur

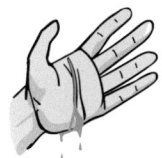

ievainojums

blessure

asiņošana

hémorragie

sirdslēkme

crise cardiaque

insults

attaque cérébrale

alerģija

allergie

klepus

toux

temperatūra

fièvre

gripa

grippe

caureja

diarrhée

galvassāpes

mal de tête

vēzis

cancer

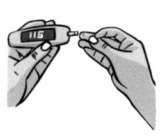

diabēts

diabète

ķirurgs

chirurgien

skalpelis

scalpel

operācija

opération

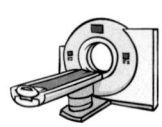

datortomogrāfija

CT

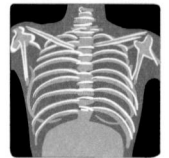

rentgents

radiographie

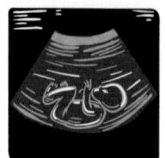

ultraskaņa

échographie

sejas maska

masque

slimība

maladie

uzgaidāmā telpa

salle d'attente

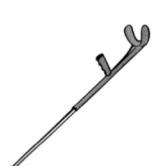

kruķis

béquille

plāksteris

pansement

apsējs

pansement

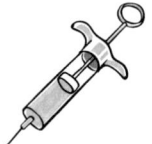

injekcija

injection

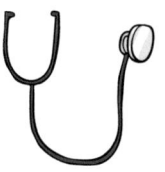

stetoskops

stéthoscope

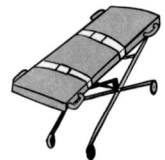

nestuves

brancard

termometrs

thermomètre

dzemdības

accouchement

liekais svars

surcharge pondérale

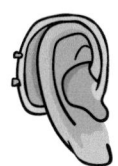

dzirdes aparāts

appareil auditif

dezinfekcijas līdzeklis

désinfectant

infekcija

infection

vīruss

virus

HIV / AIDS

VIH / sida

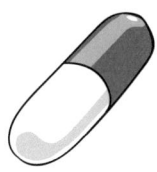

zāles

médicament

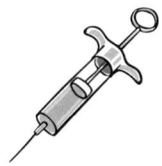

pote

vaccination

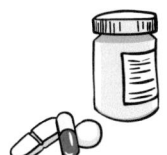

tabletes

comprimés

pretapaugļošanās tablete

pilule

ārkārtas izsaukums

appel d'urgence

asinsspiediena mērītājs

tensiomètre

slims / vesels

malade / sain

Palīgā!

Au secours !

uzbrukums

assaut

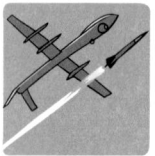

uzbrukums

attaque

bīstamība

danger

avārijas izeja

sortie de secours

Uguns!

Au feu!

ugunsdzēšamais aparāts

extincteur

negadījums

accident

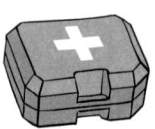

pirmās palīdzības aptieciņa

trousse de premier secours

SOS

SOS

policija

police

Eiropa

Europe

Ziemeļamerika

Amérique du Nord

Dienvidamerika

Amérique du Sud

Āfrika

Afrique

Āzija

Asie

Austrālija

Australie

Atlantijas okeāns

Océan atlantique

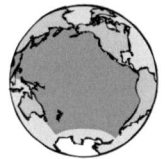

Klusais okeāns

Océan pacifique

Indijas okeāns

Océan indien

Dienvidu okeāns

Océan antarctique

Ziemeļu ledus okeāns

Océan arctique

Ziemeļpols

pôle nord

Dienvidpols

pôle sud

Antarktika

Antarctique

zeme

terre

zeme

pays

jūra

mer

sala

île

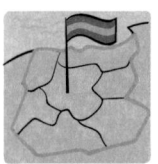

nācija

nation

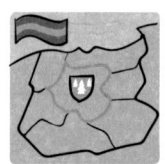

valsts

état

ciparnīca

cadran

stundu rādītājs

aiguille des heures

minūšu rādītājs

aiguille des minutes

sekunžu rādītājs

aiguille des secondes

Cik ir pulkstenis?

Quelle heure est-il ?

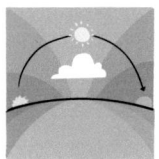

diena

jour

laiks

temps

tagad

maintenant

digitālais pulkstenis

montre digitale

minūte

minute

stunda

heure

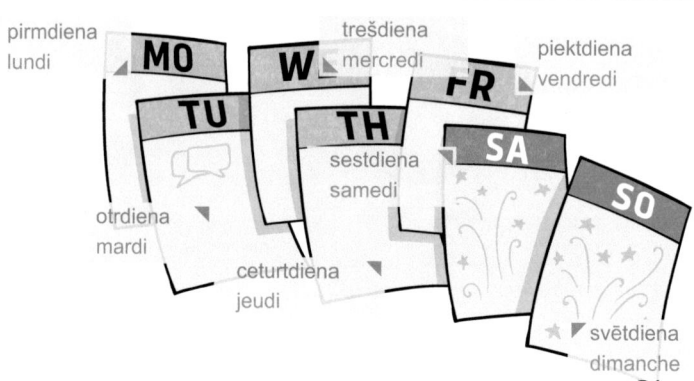

pirmdiena
lundi

trešdiena
mercredi

piektdiena
vendredi

otrdiena
mardi

sestdiena
samedi

ceturtdiena
jeudi

svētdiena
dimanche

vakardien

hier

šodien

aujourd'hui

rītdien

demain

rīts

matin

pusdienlaiks

midi

vakars

soir

darbadienas

jours ouvrables

brīvdienas

week-end

lietus
pluie

varavīksne
arc-en-ciel

sniegs
neige

vējš
vent

pavasaris
printemps

rudens
automne

vasara
été

ziema
hiver

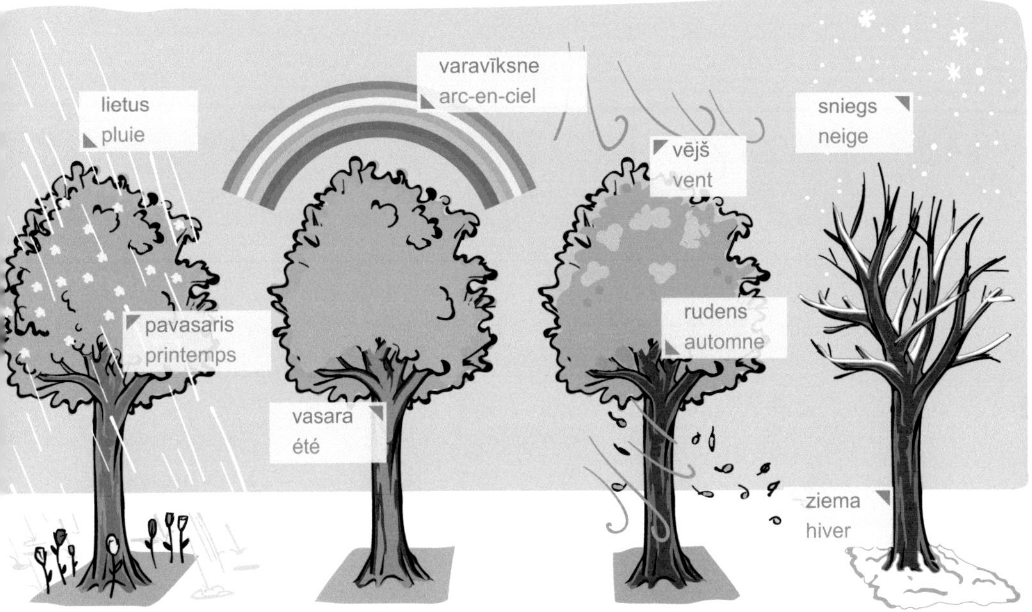

laika prognoze
météo

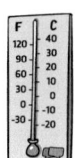

termometrs
thermomètre

saules gaisma
lumière du soleil

mākonis
nuage

migla
brouillard

gaisa mitrums
humidité

zibens

foudre

pērkons

tonnerre

vētra

tempête

krusa

grêle

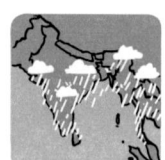

musons

mousson

plūdi

inondation

ledus

glace

janvāris

janvier

februāris

février

marts

mars

aprīlis

avril

maijs

mai

jūnijs

juin

jūlijs

juillet

augusts

août

septembris
....
septembre

oktobris
....
octobre

novembris
....
novembre

decembris
....
décembre

formas
formes

aplis
....
cercle

kvadrāts
....
carré

četrstūris
....
rectangle

trīsstūris
....
triangle

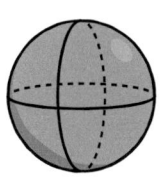

lode
....
sphère

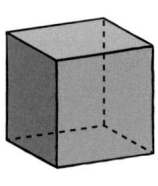

kubs
....
cube

balts

blanc

dzeltens

jaune

oranžs

orange

sārts

rose

sarkans

rouge

lillā

violet

zils

bleu

zaļš

vert

brūns

marron

pelēks

gris

melns

noir

daudz / maz

beaucoup / peu

saniknots / miermīlīgs

fâché / calme

skaists / neglīts

joli / laid

sākums / beigas

début / fin

liels / mazs

grand / petit

gaišs / tumšs

clair / obscure

brālis / māsa

frère / soeur

tīrs / netīrs

propre / sale

pilnīgs / nepilnīgs

complet / incomplet

diena / nakts

jour / nuit

miris / dzīvs

mort / vivant

plats / šaurs

large / étroit

baudāms / nebaudāms

comestible / incomestible

nikns / laipns

méchant / gentil

satraukts / garlaikots

excité / ennuyé

resns / tievs

gros / mince

pirmais /pēdējais

premier / dernier

draugs / ienaidnieks

ami / ennemi

pilns / tukšs

plein / vide

ciets / mīksts

dur / souple

smags / viegls

lourd / léger

izsalkums / slāpes

faim / soif

slims / vesels

malade / sain

nelegāls / legāls

illégal / légal

inteliģents / dumjš

intelligent / stupide

kreisais / labais

gauche / droite

tuvu / tālu

proche / loin

jauns / lietots

nouveau / usé

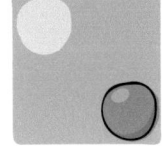

nekas / kaut kas

rien / quelque chose

vecs / jauns

vieux / jeune

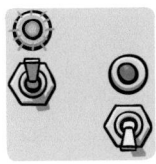

ieslēgts / izslēgts

marche / arrêt

atvērts / slēgts

ouvert / fermé

kluss / skaļš

faible / fort

bagāts / nabags

riche / pauvre

pareizi / nepareizi

correct / incorrect

raupjš / gluds

rugueux / lisse

noskumis / laimīgs

triste / heureux

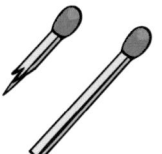

īss / garš

court / long

lēns / ātrs

lent / rapide

slapjš / sauss

mouillé / sec

silts / vēss

chaud / froid

karš / miers

guerre / paix

0
nulle
zéro

1
viens
un / une

2
divi
deux

3
trīs
trois

4
četri
quatre

5
pieci
cinq

6
seši
six

7
septiņi
sept

8
astoņi
huit

9
deviņi
neuf

10
desmit
dix

11
vienpadsmit
onze

12

divpadsmit

douze

13

trīspadsmit

treize

14

četrpadsmit

quatorze

15

piecpadsmit

quinze

16

sešpadsmit

seize

17

septiņpadsmit

dix-sept

18

astoņpadsmit

dix-huit

19

deviņpadsmit

dix-neuf

20

divdesmit

vingt

100

simts

cent

1.000

tūkstotis

mille

1.000.000

miljons

million

angļu

anglais

amerikāņu angļu

anglais américain

ķīniešu mandarīnu valoda

chinois mandarin

hindi

hindi

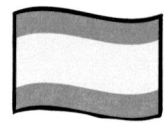

spāņu

espagnol

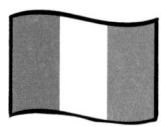

franču

français

arābu

arabe

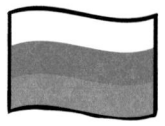

krievu

russe

portugāļu

portugais

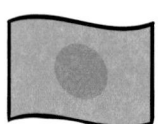

bengāļu

bengali

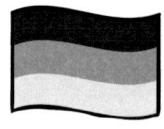

vācu

allemand

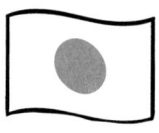

japāņu

japonais

es
je

tu
tu

viņš / viņa
il / elle / ce, c', cela

mēs
nous

jūs
vous

viņi / viņas
ils / elles

kas?
Qui ?

ko?
Quoi ?

kā?
Comment ?

kur?
Où ?

kad?
Quand ?

vārds
nom

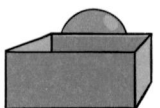

aiz

derrière

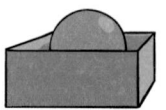

iekšā

dans

priekšā

devant

virs

au-dessus

uz

sur

zem

en-dessous

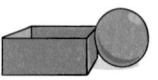

blakus

à côté de

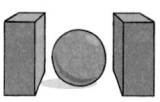

starp

entre

vieta

lieu